अपने जीवन साथी को खुली किताब की तरह कैसे पढ़ें?

अपने जीवन साथी को खुली किताब की तरह कैसे पढ़ें?

RANJEET SINGH
Couple Relationship Coach

Worldwide Publishing by
Pendown Press
Powered by Gullybaba

PENDOWN PRESS
Powered by Gullybaba Publishing House Pvt. Ltd.,
An ISO 9001 & ISO 14001 Certified Co.,
Regd. Office: 2525/193, 1st Floor, Onkar Nagar-A, Tri Nagar,
Delhi-110035
Ph.: 09350849407, 09312235086
E-mail: info@pendownpress.com
Branch Office: 1A/2A, 20, Hari Sadan, Ansari Road,
Daryaganj, New Delhi-110002
Ph.: 011-45794768
Website: PendownPress.com

First Edition: 2022

ISBN: 978-93-5554-164-2

All Rights Reserved
All the ideas and thoughts in this book are given by the author and he is responsible for the treatise, facts and dialogues used in this book. He is also responsible for the used pictures and the permission to use them in this book. Copyright of this book is reserved with the author. The publisher does not have any responsibility for the above-mentioned matters. No part of this publication may be reproduced, distributed, or transmitted in any form or by any means, including photocopying, recording, or other electronic or mechanical methods, without the prior written permission of the publisher and author.

Layout and Cover Designed by Pendown Graphics Team

Printed and Bound in India by Thomson Press India Ltd.

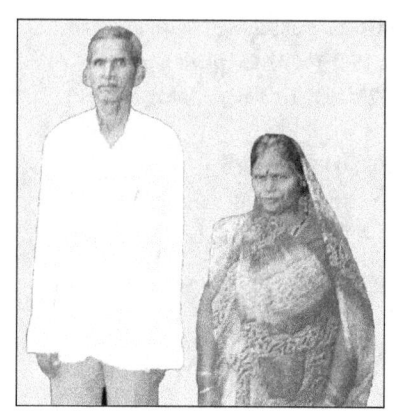

मेरी माँ
श्रीमती शारदा सिंह जी
को समर्पित

जिन्होंने मुझे प्रेम का
असली मतलब समझाया।

जिनके प्रेम से मैंने
प्रेम करना सीखा और आज
हजारों लोगों को सिखा रहा हूँ।

सफल विवाहितों के खूबसूरत वैवाहिक जीवन के रहस्मयी नुस्खे

आभार   i
परिचय   iii

अध्याय-1
मनचाहा जीवन-साथी चुनने की कला   1

अध्याय-2
शाहजहाँ-मुमताज जैसी हसीन जोड़ी बनाएँ   7

अध्याय-3
घर में नए मेहमान के उपस्थिति होने पर कैसे अपने
जीवन-साथी के साथ करीबी पलों को और हसीन बनाएँ?   11

अध्याय-4
क्या आपका बच्चा 'सुंदर पिचई' की तरह शिक्षित होना चाहता है?
आओ राह सरल बनाएँ   18

अध्याय-5
विवाहोपरांत बच्चों के रिश्तों को फूल की तरह महकाएँ   23

अध्याय-6
अपने जीवन-साथी को अपने मोहपाश में बाँधना सीखें   26

अध्याय-7
अमिताभ-जया की तरह अटूट रिश्ते का निर्माण करें   36

एक्शन के लिए कॉल   39

आभार

इस पुस्तक के लिए सर्वप्रथम मैं ईश्वर का आभारी हूँ जिन्होंने मुझे जीवन दिया, साथ ही ज्ञान भी दिया।

मैं अपनी माँ श्रीमती शारदा सिंह और पिता श्री शिव शंकर सिंह का आभारी हूँ जिन्होंने आर्थिक परेशानियों के बावजूद भी मुझे उच्च शिक्षा दिलवाई।

मैं आभार व्यक्त करता हूँ अपनी दादी तेरसा देवी का जो मेरे लिए हमेशा एक प्रेरणा स्रोत रहीं और उन्होंने ही मेरे अंदर उच्च संस्कारों के बीज बोये।

मैं अपनी पत्नी श्रीमती बिंदू सिंह और अपने बच्चों रवि प्रकाश सिंह, पूजा सिंह और प्रेरणा सिंह का विशेष रूप से आभार व्यक्त करता हूँ। अगर इनका सहयोग मुझे नहीं मिलता तो मैं यह पुस्तक कभी पूरी नहीं कर पाता।

मेरे अंदर इस पुस्तक को लिखने की प्रबल उत्कंठा जगाने के लिए मैं अपने धार्मिक गुरु श्री सुशील कुमार पांडे जी और श्री देवांक पांडे जी का तहेदिल से आभार व्यक्त करता हूँ।

मैं दीपांशु जी, रजत सिन्हा जी, डॉक्टर सहयोगियों का हृदय से आभार व्यक्त करता हूँ।

साथ ही मेरे अंकल, आंटी और मेरे परिवार के बाकी सदस्यों का धन्यवाद! मेरे सभी मित्रों और सहयोगियों का धन्यवाद! मेरे बिज़नेस के सभी कोच और मेंटर्स का भी धन्यवाद!

मैं इस पुस्तक के प्रकाशक श्री दिनेश वर्मा जी का दिल की गहराइयों से धन्यवाद ज्ञापन करता हूँ। यह कहना अतिशयोक्ति नहीं होगी कि इस पुस्तक के सूत्रधार वही हैं।

मैं गुल्लीबाबा की पब्लिशिंग कोऑर्डिनेटर प्रिया जी के प्रति अपना हार्दिक आभार व्यक्त करता हूँ जिन्होंने मेरे और प्रकाशक के बीच एक सेतु का काम किया।

अंत में मैं आशीष झा जी का आभार व्यक्त करता हूँ जिन्होंने मेरे कंटेंट का सुंदर तरीके से संपादन किया।

रंजीत सिंह
कपल रिलेशनशिप कोच

परिचय

हमारे समाज में "युगल संबंध" (couple relationship) अत्यंत महत्त्वपूर्ण होते हैं। "कपल" का अर्थ अलग-अलग लोगों के लिए अलग-अलग होता है। कई इसे शारीरिक, आर्थिक या अन्य जरूरत की पूर्ति भर समझते हैं, जबकि कई इसे जिंदगी भर चलने वाले रिश्तों की डोर समझते हैं। जो लोग कपल शब्द को गंभीरता से नहीं लेते उन्हें इसके गंभीर परिणाम भुगतने पड़ते हैं।

"कपल" शब्द का महत्व

यह लोगों के जीवन में मुख्य संबंध होता है। यह एक परिवार का आधार होता है। यह वह जगह है जहाँ हम में से अधिकांश वयस्क प्रेम के बारे में, बातचीत के बारे में, कैसे बदलना है और कैसे समझौता करना है, के बारे में सीखते हैं, और यह अक्सर एक मजबूत और स्थाई संबंध की नींव रखता है।

"वयस्क संबंध" की व्यापकता

वयस्कों के बीच संबंधों की शुरुआत अक्सर एक दूसरे के प्रति आकर्षण से होती है। परन्तु यह संबंध कितना अधिक मजबूत और रोमांचक होगा यह इस बात पर निर्भर करता है कि दोनों एक-दूसरे को कितना समझ पाते हैं, या यूँ कहें कि दोनों एक दूसरे को समान अधिकार एवं अवसर दे पाते हैं कि नहीं और एक-दूसरे की कमियों को जानते हुए भी बिना किसी अनावश्यक हस्तक्षेप के आपसी संबंध को कैसे मजबूत से मजबूत बना पाते हैं।

एक पूर्ण, अंतरंग संबंध की परिभाषा

एक पूर्ण अंतरंग संबंध का क्या अर्थ है? इस बारे में अधिकांश लोगों की बहुत ही व्यक्तिगत परिभाषाएँ होती हैं। कुछ चीजें, जिनकी हममें से ज्यादातर लोग एक रिश्ते में अपेक्षा करते हैं, वे हैं:

- प्यार
- अंतरंगता और यौन अभिव्यक्ति
- संचार
- प्रतिबद्धता
- समानता और सम्मान
- अनुकूलता
- साहचर्य

यहाँ पर यह जानना आवश्यक है कि आकर्षण, यौन अभिव्यक्ति आदि रिश्तों के आधार नहीं होते, शादी के बाद धीरे-धीरे इनका महत्व कम होता जाता है क्योंकि इस दौरान अन्य चीजों जैसे कार्य-जीवन संतुलन (work-life balance), बच्चों की जिम्मेदारियाँ, व्यक्तिगत शौकों से सामंजस्य, आर्थिक जरूरतें इत्यादि की महत्ता बढ़ जाती है। इसलिए जरूरत इस बात की है कि "कपल्स" रिश्तों की मूलभूत बातों और बदलती परिस्थितियों में पारस्परिक संबंध को जीवंत बनाए रखने के गुर को समझें, जिससे कि उनका आपसी संबंध अक्षुण्ण बना रहे।

इस पुस्तक को मैंने वैवाहिक जीवन के मैन्युअल के रूप में प्रस्तुत किया है। यह आपसी संबंधों के प्रत्येक पड़ाव में आपके लिए प्रभावकारी साबित होगी, ऐसा मेरा अटूट विश्वास है।

अध्याय-1

मनचाहा जीवन-साथी चुनने की कला

जहाँ तक लाइफ पार्टनर चुनने का सवाल है, लड़कों की तुलना में लड़कियों के सामने विकल्पों की बहुतायत होती है। इसके बहुत सारे कारण हैं, जैसे कि लड़कियों की संख्या लड़कों से कम होना, लड़कों का आगे से पहल करना, जीवन-साथी चुनने के मामले में लड़कों का लड़कियों की तुलना में अधिक casual होना, इत्यादि।

दूसरी ओर, जो लड़के दिखने में अच्छे होते हैं, जिनकी हँसी अच्छी होती है और जो लड़कियों को बातचीत के दौरान सहज रख पाते हैं, वे भी विकल्पों के मामले में लड़कियों से पीछे नहीं होते।

इसी सन्दर्भ में एक वाकया याद आ गया। मिस्टर और मिस पुणे दोनों दोस्त थे। मैं जान-बूझकर आपसे साल छुपा रहा हूँ कि वे किस साल पुणे के सबसे चहेते बने थे ताकि उन दोनों की पहचान गोपनीय रहे। ये दोनों ही काफी अच्छे हैं और मुझसे अभी तक जुड़े हुए हैं।

आइए, उनके बारे में जानते हैं-

दोनों बचपन के साथी थे। पुणे के प्रतिष्ठित महाविद्यालय 'फर्ग्युसन कॉलेज' तक दोनों ने साथ-साथ पढाई की। दोनों एक ही साल में युवाओं के दिलों की धड़कन बन गए। सफलता इन दोनों के सर चढ़ कर बोलने लगी थी। दोनों के दोस्तों की संख्या बहुत ज्यादा बढ़ गई थी। एक-दूसरे के प्रति आकर्षण काफी पुराना था, लेकिन जब भी वे दोनों आपस में मिलते तो दूसरे लड़के/लड़कियों की बड़ाई करने लगते।

अरे सुहानी घोड़के को देख... बेचारी ने पूरे एक घंटे तक मेरा इंतजार किया और जब मैं उससे मिलने गया तो उसके चेहरे पर रत्ती भर भी शिकन नहीं थी। अरे आधृत ताम्रकार को देख... साल नहीं हुआ है मुझे उससे मिले हुए। बोलना नहीं चाहिए लेकिन तुमसे ज्यादा तो मुझे वह समझता है। मुझे तो अब शर्म आती है यह बोलने में कि तुम मेरे बचपन के दोस्त हो।

वक्त गुजरता गया। अगले साल कोई और मिस्टर और मिस पुणे हो गए। कॉलेज के लड़के लड़कियाँ अब उनके पीछे खिंचे चले गए। इन दोनों की फैन फॉलोइंग कम होने लगी। चंद दिनों के लिए ही सही, लेकिन ख्याति ने दोनों के बीच दूरियाँ पहले ही बना दी थीं। अब दोनों के बीच 'ego' की दीवार बन गई थी। लड़की ने किसी प्राइवेट कंपनी के मैनेजर से शादी कर ली। लेकिन यह शादी 5 साल भी नहीं चली। लड़की के ससुराल वालों को जल्दी से बच्चा चाहिए था और लड़की अपने आपको मॉडलिंग की दुनिया में स्थापित करना चाहती थी। उसने शादी यह सोचकर की थी कि यह लड़का मेरी जिंदगी में अनावश्यक दखल नहीं देगा और इसकी प्राइवेट कंपनी मेरे मॉडलिंग कैरियर में मददगार साबित होगी।

इधर लड़का भी डिप्रेशन में चला गया। फिर कुछ सम्भला तो शादी भी करनी चाही। लेकिन उसकी उम्मीद के हिसाब से लड़की नहीं मिल पा रही थी, और दो साल के बाद लड़कियों को उस लड़के में कोई उम्मीद नजर नहीं आ रही थी। और फिर उसकी शादी ही नहीं हो पायी।

मैंने यह छोटी सी स्टोरी आपको इसलिए बताई ताकि आप जान सकें कि विकल्पों की बहुतायत कैसे समस्या खड़ी कर देती है।

तो फिर समाधान क्या है?

जब कोई लड़का/लड़की अपने आपको इस स्थिति में पाए तो उसको चाहिए कि-

- **बॉयफ्रेंड/गर्लफ्रेंड और लाइफ पार्टनर को एक ही तराजू पर न तौलें:** अपनी काउंसलिंग के दौरान मैंने अक्सर यह महसूस किया

है कि लड़के लड़कियाँ, खासकर लड़कियाँ ऐसा जीवन-साथी चाहती हैं जो उन्हें प्रत्येक साल रोज डे के दिन गुलाब दे, प्रपोज डे के दिन प्रपोज करे, चॉकलेट डे के दिन चॉकलेट दे, टैडी डे के दिन टैडी दे। उन्हें अपने वैलेंटाइन को लाइफ पार्टनर नहीं बनाना होता है, बल्कि वे अपने लाइफ पार्टनर को बस वैलेंटाइन देखना चाहती हैं। जबकि सच्चाई यह है कि जीवन-साथी और वैलेंटाइन दो अलग-अलग चीजें हैं। जीवन-साथी तो चाँद की तरह होते हैं। ये प्रत्येक दिन एक ही तरह के नहीं दिख सकते। ऐसा हो भी क्यों न, जिंदगी बदलाव का ही दूसरा नाम है। जब जिंदगी एक सी नहीं होती तो कोई व्यक्ति एक सा कैसे रह सकता है। इसलिए जरूरत इस बात की है कि आज के नौजवान बॉयफ्रेंड/गर्लफ्रेंड और लाइफ पार्टनर दोनों को एक ही तराजू पर न तौलें।

"एकदम परफेक्ट जैसा कुछ नहीं होता।"

-अल्बर्ट आइंस्टीन

- **आदर्श पुरुष/महिला की तलाश छोड़ दें:** मैं कुछ दिन पहले बैंगलोर के इंदिरा नगर इलाके में एक मित्र के घर पर था। मेरे मित्र का लड़का निम्हांस, Wells Fargo नामक प्रतिष्ठित कंपनी में data administrator के रूप में कार्यरत है।

  उससे बातचीत के क्रम में निम्हांस ने मुझसे कहा, आप लोग मेरे लिए लड़की खोजना चाहते हैं? खोजिए, शौक से खोजिए। परन्तु ध्यान रहे, मेरे लिए ऐसा चाँद ढूँढ़ियेगा जिसमें तनिक भी दाग (कमी) न हो। मैंने इतना सुनते ही उसके लिए लड़की खोजने का विचार मन से त्याग दिया।

  सच तो यह है कि कोई भी आदर्श मैच नहीं होता। कोई लड़की खूबसूरत होगी तो हो सकता है कि वह व्यवहार कुशल न हो, बड़े परिवार में एडजस्ट करने लायक न हो। हो सकता है कि वह अपने

पति की हमसफर न बनकर उसकी कमियों को उजागर करके उसका मखौल उड़ाने वाली बने, या फिर यथार्थ से बिल्कुल परे वह कल्पनाशील दुनिया में खोई रहे।

इसी प्रकार से अच्छा जॉब करने वाला लड़का एक अच्छा पति भी साबित हो, यह भी बिल्कुल जरूरी नहीं। उसमें तमाम तरह की कमियाँ मौजूद हो सकती हैं, जैसे कि वह शराब आदि की लत से ग्रसित हो, महिलाओं की भावनाओं के प्रति संवेदनशील न हो, पारिवारिक जिम्मेदारियों को न समझे, एक पिता की बच्चों के प्रति क्या जिम्मेदारी होती है एवं इसमें उसकी क्या भूमिका होती है, उससे बेखबर रहे, इत्यादि।

- **अपने आपको अच्छी तरह से समझें:** अपने लिए परफेक्ट मैच की तलाश से पहले किसी लड़के या लड़की के लिए यह जानना परम आवश्यक है कि वह अपने आपको बेहतर ढंग से जाने। अपने व्यक्तित्व का पूर्ण विश्लेषण करे। वह इंट्रोवर्ट है या एक्सट्रोवर्ट, पार्टी बॉय/गर्ल है या नहीं? क्या वह careerist है? होममेकर है क्या? वह शादी के लिए बना/बनी है कि नहीं? इत्यादि।

यह जानना इसलिए भी आवश्यक है क्योंकि एक दूसरे के प्रति आकर्षण मात्र होने से पूरी जिंदगी नहीं चल सकती। एक दूसरे का सुखी संपन्न होना भी शादी की सफलता की गारंटी नहीं देता। अगर ऐसा होता तो पाकिस्तान के मशहूर क्रिकेटर एवं तत्काल प्रधानमंत्री इमरान खान और इंग्लैंड की तीसरी सबसे अमीर महिला की शादी नहीं टूटती।

यदि शादी के लिए इच्छुक प्रेमी युगल में से कोई एक किसी खास तरह का काम करना चाहता है, जैसे, 'अफ्रीका में रहने वाले जीव जंतु पर शोध', 'अंटार्टिका में जीवन की सम्भावना पर Ph.D.', 'अनाथाश्रम, वृद्धाश्रम के लिए कुछ बड़ा करने का संकल्प', 'बहन शिवानी की संस्था के लिए कुछ महत्वपूर्ण कार्य' आदि, तो

उसे इस बारे में पहले ही अपने पार्टनर को साफ-साफ बता देना चाहिए, ताकि बाद में किसी तरह की कोई दिक्कत न हो।

संक्षेप में कहें तो परफेक्ट जीवन-साथी मिलने की संभावना इस बात पर निर्भर करती है कि कोई लड़की या लड़का अपने आपको कितनी अच्छी तरह से जान पाता है। अगर आप अपने अनुकूल (compatible) पार्टनर की तलाश में हैं तो आपको अपने बारे में बिल्कुल सटीक विश्लेषण करना होगा।

- **बहुत लंबा इंतजार न करें:** कई बार प्रेमी युगल 'इंतजार' के शिकार हो जाते हैं। "मुझे लगता है कि इस पुरुष के साथ मैं रह सकती हूँ। लेकिन मैं शादी तभी करूंगी जब मुझे लगेगा की इस व्यक्ति से शादी किए बिना मैं नहीं रह सकती।" कई लड़के भी इस सिंड्रोम से ग्रसित होते हैं।

हैदराबाद का एक प्रेमी युगल है। 3 साल तक कॉलेज में साथ-साथ पढाई की। फिर live-in-relation में 5 साल तक रहे। घर वालों की तरफ से शादी के लिए दबाव भी पड़ रहा था। परन्तु वे शादी को लेकर निर्णय नहीं कर पाए। आज लड़का मुंगेर योग संस्था, बिहार में रह रहा है और लड़की वाइल्ड लाइफ पर रिसर्च कर रही है।

इसलिए जरूरत इस बात की है कि दोनों एक दूसरे को अच्छी तरह से समझें, उनकी कमियों को नजरअंदाज करने की कोशिश करें, और कुछ चीजों को शादी के बाद के लिए भी छोड़ दें। सीखने की कोई उम्र नहीं होती है। बेहतरी का वक्त नहीं बीतता, हाँ शादी की उम्र जरूर बीत जाती है।

उपयुक्त जीवन-साथी का चुनाव करते समय एक महत्वपूर्ण चीज का ध्यान रखना अत्यंत आवश्यक है और वह है आपके भावी जीवन-साथी की वास्तविक आदतें और स्वभाव। कहते हैं, 'प्यार अंधा होता है' और इस वजह से विवाह से पहले आप अपने भावी जीवन-साथी की कई आदतों और स्वभाव को अनदेखा कर देते हैं, यह मानकर कि समय के साथ

सब ठीक हो जाएगा जो कि पूरी तरह से सच नही होता। इसलिए विवाह से पहले ही बारीकी से यह जान और समझ लेना उपयुक्त होता है कि वे कौन सी आदतें और स्वभाव हैं जिन्हें आप नजरअंदाज कर सकती/सकते हैं (जैसे अपने पति का बड़ा परिवार/बड़ी जिम्मेदारी आदि) और किन आदतों को आप किसी भी कीमत पर बर्दाश्त नहीं कर सकतीं/सकते (जैसे, शराब या जुए आदि की लत)। ध्यान रहे, एक-दूसरे की पसंद-नापसंद को नहीं समझ पाना भी कई बार अलगाव का कारण बन जाता है।

अध्याय-2

शाहजहाँ-मुमताज जैसी हसीन जोड़ी बनाएँ

'शादी के बाद' ये शब्द काफी प्रभावकारी हैं। ये कुछ ऐसा ही 'फील' देते हैं जैसे कि आप एक खूबसूरत सपना टूटने के बाद अपने बेड पर महसूस करते हैं, या फिर बड़े बड़े डपोरशंखी वायदे कर सत्ता हथियाने वाली पार्टी सत्ता में आने के बाद जैसा महसूस करती है। खतरों को स्वीकार करने के बाद जैसा 'खतरों के खिलाड़ी' सीरियल का प्रतिभागी महसूस करता है या परीक्षा में अच्छे अंक हासिल करने की दम भरने वाला छात्र कठिन प्रश्नपत्र आने पर जैसा महसूस करता है। आप इस तरह से कई उदहारण अपने आस-पास देख सकते हैं।

शादी के बाद, या यूँ कहें कि शादी का हनीमून पीरियड (यह प्रत्येक कपल के लिए अलग हो सकता है, जैसे किसी के लिए 3 महीना, 6 महीना या फिर 1 साल) बीत जाने के बाद कपल आभासी दुनिया से निकलकर वास्तविक दुनिया में आ जाते हैं। अब उन्हें एक-दूसरे में सब कुछ परफेक्ट दिखना बंद हो जाता है। अब झगड़ा होने पर सुलह होने में समय लगता है।

अपनी काउंसलिंग के दौरान मैंने जो अनुभव किया है उसके आधार पर मैं शादी के बाद आने वाली समस्याओं का समाधान के साथ जिक्र करना चाहूंगा-

- **एक-दूसरे में गलतियाँ दिखनाः** जैसे ही हनीमून पीरियड खत्म होता है तो सबसे पहली चीज जो कपल्स को एक-दूसरे में नजर

आती है वो है दोनों में 'कमियाँ'। अब उन्हें एक-दूसरे में जन्नत नहीं, बल्कि झंझट दिखता है। अहमदाबाद के साइंस सिटी रोड के मेरे एक क्लाइंट हैं। जब वो मेरे पास पहली बार आये थे तो उनकी शादी को 6 महीने भी नहीं हुए थे। वे अपनी नई-नवेली दुल्हन का दर्द कुछ इस तरह से बयाँ कर रहे थे-

- मैंने तो सोच लिया, 'अब कभी भी इसे शॉपिंग कराने लेकर नहीं जाऊँगा। यह घर में फालतू की चीजों का अंबार लगा देती है। जिन चीजों की जरूरत दो साल बाद होगी, वो भी अभी ही खरीद लेना चाहती है। जिस दिन मेरी वाइफ की शॉपिंग होती है, उस दिन मैं पूरी तरह से लुट जाता हूँ।

- मैं कुछ बोल पाता उससे पहले ही उनकी सुन्दर पत्नी तपाक से बोल पड़ी, 'तो नौकरी क्यों करवाते हो मुझसे? शादी से पहले तो बोलते थे कि तुम्हें भला नौकरी करने की क्या जरूरत होगी, मैं हूँ ना। यह क्यों नहीं बोलते सर से कि मैं आपकी EMI भरती हूँ, महीने के 27 हजार। घर पर बिठाकर रखो ना, एक ही nighty 9 साल तक चला करेगी।

- इस तरह की समस्या वाले कपल्स के लिए मेरी सलाह यह है कि वे एक-दूसरे के शौक का सम्मान करें। पत्नी, पति का अपने दोस्तों के साथ क्रिकेट देखने के शौक का सम्मान करे, वहीं पति, पत्नी के शॉपिंग के शौक का सम्मान करे। यदि एक-दूसरे की रुचि, शौक, मनपसंद व्यक्ति, खेल आदि का सम्मान पति-पत्नी करेंगे तो निश्चय ही इस तरह की कटुता से बचा जा सकता है।

पैसा खर्चा करने के तरीके को लेकर कलह

मैंने कई कपल्स को पैसा खर्च करने के तरीके को लेकर कलह करते देखा है। इंदौर के पास के मेरे एक कपल क्लाइंट हैं। दोनों सरकारी बैंक

में मैनेजर हैं। एक तृतीय स्केल का और दूसरा द्वितीय स्केल का मैनेजर है। लेकिन बिडंबना देखिए: बैंकिंग सेक्टर में होने के बावजूद पति-पत्नी में पैसे खर्च करने को लेकर मनमुटाव रहता है। ये दोनों पति पत्नी एक-एक महीने के अंतराल में घर चलाते हैं। यानी, अगर जनवरी में पत्नी घर चलाएगी तो पति को अगले महीने यानि कि फरवरी में घर चलाना होगा। लेकिन पति-पत्नी दोनों का एक-दूसरे पर यह आरोप है कि जब एक की बारी आती है तो दूसरे की जरूरत को नजरअंदाज कर दिया जाता है। जब पति के घर चलाने की बारी आती है तो पत्नी आरोप लगाती है कि उनका पति सारा पैसा शेयर, सॉफ्टवेयर, बॉडी बनाने की मशीन, जूस और शेक पर खर्च कर देता है। जबकि पति का यह आरोप है कि उनकी पत्नी की जब घर चलाने की बारी आती है तो वह सारा पैसा शॉपिंग, ब्यूटी पार्लर, घूमने-फिरने आदि पर खर्च कर देती है, और तब मेरी जरूरत का कुछ भी सामान घर नहीं आता है।

पैसा खर्चा करने के तरीके को लेकर कलह न हो इसका आसान सा तरीका ये है कि दोनों के शौकों का समावेश हो। दूसरे की जरूरत का भी उतना ही ख्याल रखें जितना कि आप अपनी जरूरत का रखते हैं। घर की EMI भरने में भी पति और पत्नी को समान रूप से तत्परता दिखानी चाहिए और किसी भी खर्चे को 'ये तेरा है, ये मेरा है' के आईने से नहीं देखना चाहिए, और सबसे बड़ी बात है कि फिजूलखर्ची दोनों में से कोई न करे।

ससुराल वालों से परेशानी: मैंने बहुत सारे कपल को ससुराल वालों के मुद्दे पर लड़ते देखा है। इससे सम्बंधित कई तरह की शिकायतें मेरे पास आती हैं, जैसे कि 'मेरे पति/पत्नी को मेरे ससुराल वाले अभी तक बच्चा ही समझते हैं', 'मेरे पति के घर वाले बड़े ही dominant किस्म के हैं', उन्हें मैं बहू नहीं, नौकरानी लगती हूँ', 'मेरी बीवी के घर वाले बहुत ही ज्यादा "interfering" हैं', 'इसकी माँ रोज 2 घंटे फोन पर बात करती है और इसके कान फूंकती रहती है कि यह मत करो, वह मत करो, उससे संबंध खत्म करो, उसका आना-जाना बंद करो, आदि', 'मेरे ससुराल वाले

बड़े ही शिकायती हैं। अगर बिल्डिंग/इमारत से नीचे थैला लटकाकर सब्जी लो तो बोलेंगे कि नीचे जा के ही क्यों नहीं ले लेती हो। इसी बहाने थोड़ा व्यायाम भी हो जाता। यदि सब्जी खरीदने बाजार चली जाऊँ तो आते ही सब बोलना शुरू कर देते हैं कि इतनी देर लगा दी सब्जी लाने में, मोहल्ले में आता तो है सब्जी वाला। झोला लटका कर सब्जी ले लेती।' 'कुछ की शिकायत रहती है कि 'मेरे ससुराल वाले मुझे privacy नहीं देते', 'मेरे ससुराल वाले हरदम इसी प्रयास में लगे रहते हैं कि हम दोनों के बीच हमेशा झगड़ा चलता रहे।'

जब ऐसी समस्या लेकर लोग मेरे पास पहुँचते हैं तो मैं उनसे कहता हूँ, 'शादी दो दिलों या दो व्यक्तियों का ही नहीं, बल्कि दो परिवारों का भी मिलन होता है। अतः पति-पत्नी को चाहिए कि वे दोनों परिवारों के बीच एक सेतु का काम करें, न कि उसे 'ईगो' या 'स्वार्थ' की बलि चढ़ा दें। शादी की सफलता के लिए दोनों परिवारों के बीच 'आपसी सामंजस्य' का होना अनिवार्य है और इसकी जिम्मेदारी पति और पत्नी दोनों की समान रूप से होती है। एक वाक्य में अगर कहें तो 'जिनसे प्यार करें उसके परिवार को भी बिना शर्त अपनाएं।'

नवविवाहितों को मेरी एक सलाह है कि अभी-अभी आप लोगों की शादी हुई है। एक-दूसरे के अनुरूप ढलने में समय लगेगा। धैर्य के साथ विपरीत परिस्थितियों का सामना करें, एक दूसरे को समझने के लिए पर्याप्त समय दें और यदि इतना करने के बाद भी संबंध में खटास बनी रहती है तो बिना विलंब किए 'एक्सपर्ट एडवाइस' लें।

घर में नए मेहमान के उपस्थिति होने पर कैसे अपने जीवन-साथी के साथ करीबी पलों को और हसीन बनाएँ?

मेरा मानना है कि बच्चा होने के बाद पति-पत्नी की जिंदगी में सब कुछ बदल जाता है, उनके आपस की केमिस्ट्री, उनके सोचने का ढंग, आपसी संबंध, सब कुछ। जहाँ अभी तक पति, पत्नी एक-दूसरे का ख्याल रखते थे, अब दोनों का, खासकर पत्नी (माँ) का सारा ध्यान बच्चे पर चला जाता है। यह अनुभव कुछ ऐसा ही होता है जैसे कि आप एक दिन पहले तक बड़े सरकारी अधिकारी रहे हों, आपके ऑफिस के स्टाफ का भरपूर सहयोग और प्यार आपको मिलता आ रहा हो और आपका कल रिटायरमेंट हो और अगले ही दिन जब आप अपनी पेंशन के कागजात के लिए अपने कार्यालय उसी रोब में पहुंचें तो आपके अधीनस्थ रहा एक कर्मचारी आपको लाइन में लगने का फरमान जारी करे- 'लाइन में लगिए अभी आपके काम से ज्यादा जरूरी काम कर रहा हूँ।'

या फिर ऐसे कि आज तक आप मुख्यमंत्री रहे हों, लेकिन अपनी पार्टी के हार जाने के बाद आप राज्यपाल महोदय को अपना इस्तीफा सौपने जा रहे हों और अपने आने वाले कल को अच्छी तरह से देख पा रहे हों 'कोई सरकारी बंगला नहीं, कोई गाड़ी नहीं, कोई मीडिया नहीं, लोगों की भीड़ नहीं, बस एक अदना सा आदमी।'

या फिर ऐसे कि अभी तक आप मजे से अपनी पसंद का पकवान खा रहे हों, दावतें उड़ा रहे हों और अचानक आपको पता चले कि आपको डायबिटीज हो गया है और आप वही खाना खाने को मजबूर हो जाएँ जो आपको डॉक्टर कहते हैं। आप उस खाने को मना नहीं कर सकते कि नहीं खाऊंगा, आप नराज भी नहीं हो सकते, और आपको हँसते हुए उसी प्रेम से उस खाने को खाना पड़ता है।

इन उदाहरणों से आपको मैं मजाकिया लग सकता हूँ या आपको मेरी बातें अतिशयोक्ति भरी लग सकती हैं। परन्तु, मूल बात यह है कि आपको ऐसा ही कुछ अनुभव हुआ होगा या होनेवाला है जब आपके घर एक नन्हा-मुन्ना आया होगा या आयेगा।

और इसकी सबसे बड़ी बिडंबना यह है कि पति-पत्नी इसकी प्लानिंग पहले से करते हैं कि देखो, बच्चा होने के बाद मेरी importance कम नहीं होनी चाहिए, ऐसा करेंगे कि दोनों अपनी-अपनी जिम्मेदारियाँ बाँट लेंगे, मम्मी-पापा को बुला लेंगे, पहले बच्चे की जिम्मेदारी नहीं लेना चाहती मैं, ऐसा ही बहुत कुछ। लेकिन जब बच्चा हो जाता है तो सारे नियमों की धज्जियाँ उड़ जाती हैं।

हरदोई, उत्तर प्रदेश के मेरे एक मित्र हैं। कोरोना काल में ही एक दिन मोबाइल पर बातचीत के दौरान उन्होंने कहा, 'शादी के समय हम दोनों ने बच्चा होने के बाद भी आपसी प्रेम और सामंजस्य को बनाए रखने के लिए तीन नियम बनाए थे। आज हमारे पास तीन बच्चे हैं और नियम एक भी नहीं।'

सौ बात की एक बात यह है कि नई जिम्मेदारी आने पर पति-पत्नी का प्यार जैसे खो सा जाता है और यह आपसी वैमनस्यता और टकराव का कारण बन जाता है। अगर आप भी पहली बार पैरेंट बने हैं तो निश्चय ही आप दोनों के संबंधों में बदलाव आया होगा और आप इस बदलाव को जल्द से जल्द ठीक करना चाह रहे होंगे।

अपने counselling के अनुभव के आधार पर मैं यहाँ पैरेंट्स बनने के उपरांत पति-पत्नी के संबंधों में आने वाली नीरसता के कारणों का समाधान सहित वर्णन करना चाहूँगा:

पोस्टपार्टम डिप्रेशन

डिलीवरी के बाद दो तिहाई से भी अधिक महिलाओं को बेबी ब्लूज (तीन से दस दिनों के बाद महिलाओं की एक तरह की मानसिक स्थिति) हो जाता है। इसमें बच्चे के जन्म के 3 से 5 दिन के बाद माँ का मूड बार-बार बदलता रहता है। वे अपने आपको असहाय और परेशान महसूस करने लगती हैं। उन्हें अनावश्यक चिंता होने लगती है, चिड़चिड़ापन आ जाता है। सामान्यत: यह समस्या समय के साथ दूर हो जाती है, लेकिन अगर कुछ महीनों तक महिला की मन:स्थिति जस की तस बनी रहती है, तो इसे पोस्टपार्टम डिप्रेशन कहा जाता है।

अगर आपकी पत्नी भी इस डिप्रेशन की शिकार हो गई है तो आपको चाहिए कि उसकी बातों पर अपना आपा न खोएं, बल्कि उसके साथ एक पेशेंट जैसा बर्ताव करें और उसका विशेष ख्याल रखें। ध्यान रहे, जानकारी के अभाव में आपसे बहुत बड़ी गलती हो सकती है।

कपल टाइम खत्म, फैमिली टाइम शुरू

यह एक ऐसी समस्या है जो सभी नए पैरेंट्स को झेलनी पड़ती है। 'फ्राइडे को थोड़ा पहले निकल जाना ऑफिस से, 4 बजे करीब। तुम सीधे सिनेमा हॉल/मॉल ही आ जाना। मैं तो हाफ डे करके ही घर आ जाऊंगी। बाद में तैयार होकर मैं भी वहीं पहुँच जाऊँगी। दोनों साथ-साथ शॉपिंग करेंगे, फिल्म देखेंगे और देर रात तक घर पहुंचेंगे। अगले दिन आराम से उठेंगे। वीकेंड एन्जॉय करेंगे।' पैरेन्ट्स बनने से पहले पति-पत्नी का वीकेंड पर कमोबेश यही प्रोग्राम होता है। यह बात और है कि हाउसवाइफ सीधा घर से तैयार होकर निकलती है जबकि कामकाजी पत्नी को तैयार होने के लिए ऑफिस से जल्दी निकलना पड़ता है।

संतान बनने के बाद पति-पत्नी साथ तो होते हैं, लेकिन अकेले नहीं। कपल टाइम खत्म हो जाता है, इसकी जगह फैमिली टाइम ले लेता है। अब वीकेंड बच्चे के लिए होता है। अगर उसे कोई और पाल रहा है फिर तो पूरा वीकेंड उसी के साथ बीतता है, और किसी के लिए फुर्सत नहीं होती। उसे लेकर दो बार पार्क जाना, उसके लिए कुछ न कुछ खरीदते रहना, बस उसी में लगे रहना। अगर बच्चा खाने लायक हो गया है तो फिर तो उसी के पसंद का खाना बनता है, परिवार के किसी और सदस्य की रुचि का कोई ख्याल नहीं रखा जाता है। अगर उसको थोड़ा सी nosey भी आ जाए तब तो घर के बाकी सदस्यों की शामत आ जाती है, सबका वीकेंड बर्बाद हो जाता है।

ऐसे में पति को खीज आ जाती है। आपसी सामंजस्य डगमगाने लगता है और दोनों के बीच नोक-झोंक शुरू हो जाती है। कभी-कभी तो स्थिति भयावह हो जाती है।

इन परिस्थितियों से बचने के लिए पति पत्नी दोनों को पहल करनी चाहिए। बच्चे के सोने के समय में पति-पत्नी कपल टाइम की शुरुआत कर सकते हैं और अपने वैवाहिक जीवन को फिर से रोमांटिक पलों से रोमांचित कर सकते हैं।

नींद और सेक्स की कमी

पैरेंट बनने के बाद माँ का पूरा समय बस बच्चे की देख-भाल में जाता है। संजय दत्त के जन्म के कुछ महीने बाद एक पत्रकार ने उनकी अभिनेत्री माँ नर्गिस जी से पूछा, 'आपकी अगली फिल्म?' इस पर उन्होंने झट से जवाब दिया था, 'संजू'। निश्चय ही एक माँ के लिए उसकी नवजात संतान उसकी पूरी दुनिया हो जाती है। उसका खुद की कोई दिनचर्या नहीं रह जाती है। पूरी रात वह अपनी संतान को अपने कलेजे से लगाए रहती है। वो जब उठता है तब वो भी उठती है, दिनभर उसका डायपर बदलती रहती है, उसकी हँसी से हँसती है, उसके रोने की आवाज से रोती है। बस अपनी संतान में ही रच-बस जाती है।

परन्तु, इन सबका उसके वैवाहिक जीवन पर विपरीत असर पड़ता है। पत्नी नींद ठीक से नहीं ले पाती, जिससे उसके अंदर हमेशा थकान बनी रहती है। और इस थकान के कारण उसके अंदर सेक्स की चाहत कम हो जाती है। कई पतियों को लगता है कि वह जानबूझ कर ऐसा कर रही है। पत्नी के लिए अपने मन में कई तरह की गलतफहमियाँ पाल लेते हैं, जो संबंधों के माधुर्य को मलीन करने लगती हैं।

अपने वैवाहिक जीवन में सेक्स को वापस लाने के लिए पति-पत्नी वीकेंड पर अपने बच्चे को दादा दादी या परिवार के किसी अन्य सदस्य के पास छोड़ सकते हैं। दिन में भी बच्चे की देखभाल के लिए किसी की मदद ले सकते हैं ताकि उन्हें थकान महसूस न हो।

आपसी बातचीत में कमी या बिल्कुल ही बंद

परिवार में तिल का ताड़ बनते देर नहीं लगती। स्थिति तब और भी ज्यादा खराब हो जाती है जब साथ में पैरेन्ट्स या और कोई स्थायी सदस्य रहते हों। परिवार में किसी 'अन्य सदस्य' की उपस्थिति कई बार पति-पत्नी के संबंध में दरार पैदा कर देती है।

मालाबार हिल, मुंबई के एक व्यक्ति मेरे पास आए। माँ बाप के एकलौते बेटे हैं। इनकी 4 बड़ी बहनें हैं। पत्नी से 3 महीने से भी अधिक समय से उनकी बातचीत बंद थी तो वे बोलने लगे, 'कुछ दिनों से मेरी माँ मेरे साथ ही रह रही है। पापा भी आते जाते रहते हैं। एक दिन मैं घर देर रात पहुँचा। माँ मुझे देखते ही रोने लगी। बोली की बहू ने आज भी मुझे खाने के साथ दूध नहीं दिया। मैं कितनी बार मांगू। डॉक्टर ने दूध के साथ दवा खाने को बोला है। मुझे गुस्सा आ गया। वैसे भी पिछले कुछ दिनों से सास-बहू में खटपट चल रही थी।'

मैंने अपनी पत्नी से कहा, 'ये क्या रोज-रोज का नाटक लगा रखा है? पत्नी ने कहा कि माँ को मैंने खाने के साथ दूध दिया है। ऐसा सुनते ही मेरा पारा सातवें आसमान पर जा पहुंचा। मैं तुरंत ही पूजा घर गया, वहाँ

से रामायण की पुस्तक निकाली और अपनी पत्नी और माँ से बोला, आज फैसला होकर रहेगा। तुम दोनों को रामायण पर हाथ रखकर बताना होगा कि वाकई में क्या हुआ था। मेरे आश्चर्य का तब कोई ठिकाना नहीं रहा जब मेरी माँ रामायण पर हाथ रखकर बोली, 'मुझे आज खाने के साथ दूध नहीं मिला' और फिर उससे किताब हाथ में लेकर मेरी पत्नी बोली, 'मैं रामायण को साक्षी मानकर कह रही हूँ कि मैंने आपकी माँ को खाने में दूध दिया था।'

इतना सब सुनने के बाद मैंने उनसे कहा, 'मैं आपकी पत्नी की कोई साइड नहीं ले रहा। लेकिन आपकी माँ अब काफी बूढ़ी हो चुकी हैं। इस उम्र में उनको विस्मरण होना स्वाभाविक सी बात है और सबसे बड़ी बात यह है कि आपके लिए दोनों जरूरी हैं, माँ भी और पत्नी भी। इसलिए बातचीत का रास्ता बंद मत कीजिए। बातचीत करते रहिए। नहीं तो यह घाव और गहरा होता जाएगा और मुसीबत बढ़ती जायेगी।'

मेरी सभी कपल्स को यही सलाह है कि 'बातचीत बंद मत कीजिए, बातचीत पर पूर्ण विराम संबंध का पटाक्षेप कर सकता है।'

आमदनी में कमी खर्चे में बढ़ोत्तरी

बच्चे का जन्म खुशी के साथ खर्चा भी लाता है। PNB रोड, मेरठ के मेरे एक क्लाइंट हैं। जब फरवरी, 2021 में वे पहली बार मेरे पास आये थे तो उनकी पत्नी की यह शिकायत थी कि 'मैंने अपने पति से पहले ही कह दिया था कि अगर बच्चा प्लान करना है तो तुम्हें मेरी सैलरी से मोह तोड़ना पड़ेगा। मेरी कोई सरकारी नौकरी नहीं है कि दो साल का मैटरनिटी लीव मिलेगी। और फिर मैं अपने बच्चे की जिम्मेदारी किसी और पर भी नहीं छोड़ सकती। बच्चा होने के बाद मैं उच्च डिग्री हासिल करूँगी और तुम भी कोई अच्छी सी नौकरी की तलाश करना। तब इन्होंने कोई विरोध नहीं किया था, लेकिन अब बच्चा होने के बाद बोलते हैं कि डेढ़ दिन में लैक्टोजन खत्म हो जाता है, कहाँ से पूरा कर पाऊंगा मैं? तुम्हारा नौकरी छोड़ने का फैसला बिल्कुल गलत था।'

इस तरह के मेरे पास कई सारे उदाहरण हैं। बच्चा होने पर आमदनी में कमी और खर्चे में बेतहाशा वृद्धि से पति-पत्नी के संबंध में तनाव पैदा हो जाता है और स्थिति बद से बदतर होती चली जाती है।

इस परिस्थिति से बचने के लिए पति-पत्नी को बच्चा प्लान करने से पहले ही सभी आवश्यक बिंदुओं पर विचार-विमर्श कर लेना चाहिए। आने वाले दिनों में पैसे की कमी से निपटने के लिए रणनीति बनानी चाहिए और साथ ही यह भी सुनिश्चित करना चाहिए कि बच्चा होने के बाद पैसे की कमी न हो, सब कुछ ही पहले की तरह सुचारू ढंग से चलता रहे।

अध्याय-4

क्या आपका बच्चा 'सुंदर पिचई' की तरह शिक्षित होना चाहता है? आओ राह सरल बनाएँ

वैवाहिक जीवन में यदि सब कुछ ठीक रहता है तो समय को मानो पंख लग जाता है। दो-दो दशक कुछ ऐसे बीतता है मानो दो पल बीते हों। कुछ दिन पहले ही मुझे मदुरई से एक पुराने मित्र का कॉल आया। वह शादी के बाद मदुरई शिफ्ट हो गया था। काफी खुश होकर उसने कहा, 'बेटी की शादी है 19 नवंबर को, तुमको पूरे परिवार के साथ आना है।' मैं तो सुनते ही चौंक गया और झट से बोल पड़ा कि 'तेरी बेटी की शादी, सही में? यार, अभी तो तेरी बारात से लौटा हूँ।' इतना कहकर हम दोनों हँसने लगे।

देखा जाए तो वास्तविकता भी यही है। हम शादीशुदा से कब शादी करने लायक बच्चे के माँ बाप बन जाते हैं, हमें खुद पता नहीं चलता।

यह तो हुई घर-घर की कहानी। अब हम यह जानने की कोशिश करेंगे कि बच्चों के बड़े होने पर पति-पत्नी के संबंध किस तरह बदलते हैं। यदि मैं कपल रिलेशनशिप से जुड़ा नहीं होता तो शायद मुझे भी यह पता नहीं चलता कि बड़े बच्चे भी पति-पत्नी के आपसी संबंधों को काफी हद तक प्रभावित करते हैं। जी हाँ दोस्तों, अगर आपके भी बच्चे बड़े हो चुके हैं तो आप हमसे इस बात पर जरूर सहमत होंगे। बड़ा बच्चा किसी को कम या किसी को ज्यादा प्रभावित कर सकता है, लेकिन ऐसा शायद ही होगा कि कोई पति-पत्नी इससे अछूता रह पाया हो।

तो आइये, कुछ महत्वपूर्ण बिंदुओं पर समाधान सहित चर्चा करते हैं–

- **जेनरेशन गैप:** जब बच्चा किशोरावस्था में पहुँचता है तो आपके और उसके सोचने-विचारने के ढंग में काफी अंतर आ जाता है। यही वास्तविक में जेनरेशन गैप कहलाता है। यहाँ पर यह समझना महत्वपूर्ण हो जाता है कि न ही बच्चा पूरी तरीके से गलत हो सकता है और न ही आप पूरी तरह से सही हो सकते हैं। साथ ही यह भी जानना जरूरी है कि समय निरंतर परिवर्तनशील है। परिवर्तन ही समाज व प्रकृति का नियम है, तो ऐसे में आपका परिवार भला इससे कैसे अछूता रह सकता है?

    यही समझने के लिए मैंने निपाईना, इंदौर के एक मित्र को कहा, 'मुझे अभी तक याद है कि कैसे आंटी (मेरे मित्र की माँ) तुझे मारने के लिए दौड़ी थी जब तू संजय दत्त का हेयर स्टाइल लेकर अपने घर आया था। 'अब मुझे पक्का यकीन हो गया है, तू खलनायक ही बनेगा, मेरे सपनों को चकनाचूर करके रहेगा।' अभी तक आंटी की बातें मेरे कानों में गूँज रही हैं।' तब तो तूने अपने माँ-बाप को तुझे न समझ पाने के लिए कोसा था और अब तू अपने बेटे को ही नासमझ कह रहा है।

    यह हरेक जेनरेशन के साथ होता है। हर जेनरेशन आने वाली जेन. रेशन को नासमझ कहती है और यही जेनरेशन गैप है, क्योंकि दोनों पीढ़ियों के सोचने-समझने के ढंग में अंतर होता है। जब माँ-बाप इस गैप को नहीं समझ पाते तो बच्चों के साथ-साथ उनके बीच में भी तनाव उत्पन्न हो जाता है।

- **खर्च को पूरा न कर पाना:** चौरस्ता, दार्जीलिंग के मेरे एक मित्र हैं। मुझसे बीच-बीच में कंसल्टेंसी भी लेते रहते हैं। वे एक दिन अपने बेटे-बेटी की पढ़ाई में हो रहे बेतहाशा खर्चे को लेकर मुझसे

शिकायत कर रहे थे, 'कहाँ से मेरी बिटिया को वह लड़की मिल गई। पता नहीं क्या बोल दिया है उसे। सिंगापुर की नैशनल लॉ यूनिवर्सिटी से लॉ करने का भूत सवार हो गया है उस पर। बोलने लगी-पापा, सिंगापुर तो एशिया में ही है। मुंबई से एयर फेयर भी कम है। मैं वहां लॉ करने जाना चाहती हूँ। मैंने यह सोचकर हामी भर दी कि इसमें उसका एडमिशन तो होगा नहीं, लेकिन इतना जिद कर रही है तो चलो भेज देते हैं, घूम लेगी दूसरा देश। लेकिन वह तो ले आई वहाँ से एडमिशन फॉर्म। अब अपने भाई को भी ले जाना चाहती है। मुझे तो लगता है कि भीख मांगनी पड़ेगी अपने दोनों बच्चों की पढ़ाई के लिए। कहाँ से इतना खर्च उठा पाउँगा मैं!'

यह समस्या कमोबेश हर टीनएजर्स के माँ-बाप की है। जब वे अपने बच्चों के बेतहाशा खर्चों को पूरा कर पाने में अपने आपको असमर्थ महसूस करने लगते हैं तो वे खुद आपस में बहुत बुरी तरह से लड़ने लगते हैं। फलस्वरूप उनकी वैवाहिक एवं खुशहाल जिंदगी में भूचाल सा आ जाता है।

इस स्थिति से निपटने के लिए यह आवश्यक है कि अपना परिवार सीमित रखें और बच्चे के जन्म के बाद से ही उसके लिए कोई पॉलिसी वगैरह खरीद लें ताकि उनकी पढ़ाई का समय आने तक आपको पैसों की कोई समस्या न रहे और पति-पत्नी के आपसी रिश्तों में रोमांच और रोमांस पहले जैसा ही बना रहे।

बच्चे के हाथ से निकल जाने की शिकायत

दरभंगा महाराज के खानदान के एक संपन्न परिवार की बहू ने अपना दुखड़ा मुझे कुछ इस तरह से सुनाया, 'पढ़ाया, लिखाया, अपने बच्चे की खुशी के लिए अपना सब कुछ त्याग किया, अपना शौक, एवं सपना सब कुछ छोड़ दिया और आज मेरी इकलौती बेटी ने अपनी मर्जी से शादी कर ली। मैंने पहले ही कहा था उसे कि भले ही तुम शादी अपनी मर्जी से करो, मुझे

कोई दिक्कत नहीं है, बस इस बात का ख्याल रखना कि लड़का अपनी बिरादरी का हो, लेकिन मेरी यह बात भी नहीं मानी इसने, (सुबकते हुए) और अब मैं किसके सहारे जिन्दा रहूँ?'

मुझे पता है कि आजकल पैरेंट्स को अक्सर यह शिकायत रहती है कि उनका बच्चा हाथ से निकल गया है, अपनी मनमानी करता फिरता है, बड़े से बड़ा फैसला खुद ही लेता है, हमें तो कुछ समझता ही नहीं है।

इन पैरेंट्स को मेरा सुझाव है कि इस तरह की स्थिति से बचने के लिए आपको अपने बच्चों का विश्वास जीतना होगा, उनका मॉनीटर बनके नहीं, बल्कि उनका दोस्त बनकर रहना होगा। उनका सी.ई.ओ. बन कर नहीं, बल्कि उनका कंसल्टेंट बनकर रहना होगा। और सबसे बड़ी बात यह है कि आपको यह समझना होगा कि आप अपने बच्चे को अपना प्यार तो दे सकते हैं, लेकिन अपनी सोच नहीं।

अपने बच्चों से अत्यधिक उम्मीद

मैं अक्सर पैरेन्ट्स को बच्चों पर खुद के अधूरे सपने को पूरा करने के लिए दबाव बनाते हुए देखता हूँ। सर पी. सी. बनर्जी रोड, इलाहाबाद में मेरे एक रिश्तेदार हैं। उन्होंने अपने बेटे के बारे में कुछ इस तरह से बताया, 'मेरा बेटा Philosophy में अपना करियर बनाना चाहता था। अब बताइए भला, Philosophy में क्या स्कोप है? दार्शनिक बनना है क्या? मैंने अपने बेटे को साफ-साफ कह दिया है कि अंग्रेजी पढ़े अच्छे से, तभी अंग्रेजी के प्रति क्रेज रहेगा। अगर कुछ नहीं भी कर पाया, तब भी ऑनलाइन ही काफी कमा सकता है। मुझे अंग्रेजी पढ़ने का बहुत शौक था, परन्तु पढ़ नहीं पाया, इसलिए मैं चाहता हूँ कि मेरा बेटा अंग्रेजी की पढ़ाई करे।'

जब हम अपनी जिंदगी के अधूरे सपने को अपने बच्चे से हर हाल में पूरा करवाना चाहते हैं तब इससे बच्चों पर एक भारी-भरकम बोझ पड़ता है और यहीं से उन पर मनोवैज्ञानिक दबाव पड़ना शुरू हो जाता है। जब माँ-बाप अपने बच्चों पर क्षमता से अधिक उम्मीद का बोझ डाल देते हैं तो

बच्चा उसमें दब सा जाता है। कई बच्चों को तो यह आत्महत्या की डगर तक ले जाता है। इसके फलस्वरूप माँ बाप के संबंधों में दरार आ जाती है और जिंदगी बोझ बन जाती है।

बच्चों से उम्मीद करना माँ-बाप का हक है, मगर हमें यह भी ध्यान रखना चाहिए कि हमारे बच्चों पर हमारी यह उम्मीद उनकी जिंदगी से नाउम्मीदी की वजह न बन जाए और हमारा हँसता-खेलता परिवार कहीं बिखर न जाए।

अध्याय-5

विवाहोपरांत बच्चों के रिश्तों को फूल की तरह महकाएँ

फैमिली मतलब क्या? आपके सबसे अपने और खास आपके रिश्तों की जमा-पूँजी, जिन्हें खुश देखे बिना आप नहीं रह सकते, जिनसे आपका जहाँ है। अगर परिवार में किसी चीज को लेकर अनबन हो जाए तो परिवार के सपने बिखरने लगते हैं। हालाते पत्थर से सपनों के शीशमहल चूर-चूर होने लगते हैं। हमारा परिवार भी कुछ ऐसा ही होता है, जैसे हमारा सोलर सिस्टम। अगर सब कुछ ठीक चलता रहे तो दिन-रात अच्छी तरह से आएंगे, जाएंगे।

परन्तु, जैसे ही पृथ्वी, चंद्रमा और सूर्य के बीच में आ जाती है, चंद्र ग्रहण लग जाता है। इसी प्रकार से जब चन्द्रमा, पृथ्वी और सूरज के बीच आ जाता है तो सूर्य ग्रहण लग जाता है। इसी प्रकार से आजकल के संदर्भ में अगर लड़का/लड़की की चॉइस (जीवन-साथी चुनने के मामले में) के बीच में माँ-बाप आ जाते हैं तो परिवार को ग्रहण लग जाता है। माँ-बाप के वार्तालाप में पुरानी चीजों की पुनरावृत्ति हो जाती है। तुमसे बिना मुहूर्त के शादी हुई थी ना, तुम्हारे बाप को विदेश जाना था ना उसी दिन, जबरदस्ती शादी करा दी थी, इसलिए आज यह दिन देखना पड़ रहा है।

बेटी/बेटा के जन्म के समय जो हमारे ज्योतिषी जी ने भविष्यवाणी की थी वो बिल्कुल सच साबित हुई। उन्होंने तुम्हारी माँ को साफ-साफ कहा था, "समधन जी, बच्चे के बाल काटकर बालाजी को चढ़ा आओ एक साल के अंदर। नहीं तो बड़ा होकर यह वही करेगा जो इसके माँ-बाप नहीं चाहेंगे। लेकिन तुम्हारी माँ को तो मॉडर्न होने का घमंड था। कैसे मुँह बना

के बोली थी, 21वीं सदी में भी लोग भला ऐसा कैसे सोच सकते हैं। बाल का व्यवहार से क्या सम्बन्ध!"

अपने काउंसलिंग के अनुभव से मैं आपको बता रहा हूँ कि आजकल जितनी भी शादियां हो रही हैं उनमें से अधिकतर में, चाहे वह arrange मैरिज ही क्यों न हो, माँ-बाप खुश नहीं रहते। मुझसे एक arrange मैरिज वाले माँ-बाप ने अपना दुखड़ा कुछ इस प्रकार सुनाया-

'हमने पहले ही लड़की वालों से कह दिया था कि मुझे अपनी बेटी की शादी भी करनी है। वो तो मेरी बेटी UPSC की तैयारी कर रही है इसलिए, नहीं तो उसी की शादी करनी थी पहले हमें। मेरे पास जितने पैसे थे वो मैंने दोनों भाई-बहन पर खर्च कर दिए। अब बेटी की शादी भी तभी हो सकती है जब बेटे की शादी से कुछ आए। मुझे 20 लाख का दहेज चाहिए। लड़की वाले हमारे सामने मान भी गए थे। लेकिन शादी से ठीक पहले इनकम टैक्स की रेड पड़ गई, इसका बहाना बनाकर एक रुपया भी नहीं दिया। सगाई आनन-फानन में करवा ली और सोशल मीडिया पर डाल दिया हमें टैग करके। अब हमारे लिए तो आगे कुआँ, पीछे खाई वाली स्थिति हो गई। मजबूरन शादी करनी पड़ी। मेरी होने वाली बहू को 50 हजार महीना मिलता है। यह मैंने सबको बताया भी था। लेकिन मेम साहब ने शादी और हनीमून के लिए जो एक महीने की छुट्टी ली तो उसके बाद फिर ऑफिस गयी ही नहीं। अब तो लोगों को यह कहना पड़ता है कि बेटा कमाता है और बहू उड़ाती है। पता नहीं कैसे होगी मेरी बेटी की शादी!'

बच्चे की शादी के समय और उसके बाद पति-पत्नी का संबंध अटूट बना रहे इसके लिए आवश्यक है कि आप सही वक्त पर सही निर्णय लें। उदाहरण के तौर पर उपरोक्त परिस्थिति आने पर आप अपने बेटे से अपनी समस्या कहें, न कि बेटी की शादी के लिए आप बेटे के ससुराल वालों की कृपा (दहेज) पर निर्भर रहें। आपकी बेटी की शादी के लिए आपका बेटा बैंक से लोन ले सकता है, किसी अन्य माध्यम से आप धन की व्यवस्था कर सकते हैं, आदि। बेटे की शादी में जो मिलता है उसे बिना शिकायत के सहर्ष स्वीकार कीजिए, याचक मत बनिए।

विवाहोपरांत बच्चों के रिश्तों को फूल की तरह महकाएँ

यदि आपके बेटा (या बेटी) की शादी की उम्र हो रही है और आप चाहते हैं कि आपको अपनी मनपसंद का लड़की/लड़का मिले तो उसके निर्णय लेने के बाद आप अपना निर्णय न सुना (थोप) कर, अभी से उसको अपनी पसंद/नापसंद के बारे में बताएं। हो सकता है इससे आपको ऐसी बहू/दामाद मिल जाए जो सर्वमान्य हो।

आप बच्चों को परफेक्ट जीवन-साथी चुनने की ट्रेनिंग दे सकते हैं। उन्हें आप यह बतला सकते हैं कि सुंदरता या शारीरिक आकर्षण क्षणिक होता है। इसे समझने के लिए आप अपने परिवार के बुजुर्गों का उदहारण दे सकते हैं जो अपने जमाने में बहुत ही सुन्दर थे। उनका आप फोटो दिखा सकते है और उन्हें बता सकते हैं कि कैसे वे अब सामान्य से दिखते हैं, बिल्कुल किसी भी बुजुर्ग के जैसे। या फिर उन्हें गुजरे जमाने के हीरो और हीरोइन को दिखा सकते हैं जिनका वैवाहिक जीवन अच्छा ना बीता हो। ऐसा करने से उन्हें ऐसा लग सकता है कि सिर्फ सुन्दर होना, या मजाकिया होना ही वैवाहिक जीवन की सफलता की गारंटी नहीं दे सकता।

और अगर इन सबसे भी बात न बने तो आप किसी अच्छे काउंसलर से मिल सकते हैं और उनकी सहायता ले सकते हैं।

अध्याय-6

अपने जीवन-साथी को अपने मोहपाश में बाँधना सीखें

'विवाहेतर संबंध' या एक्स्ट्रा-मैरिटल अफेयर ये कुछ ऐसे शब्द हैं, जिन्हें कोई भी शादीशुदा महिला या पुरुष अपनी पूरी जिंदगी में नहीं सुनना चाहेगे। जिस घर में पति या पत्नी को यह झेलना पड़ता है, उस पर दुखों का पहाड़ टूट पड़ता है, जिंदगी मानो थम सी जाती है। वैवाहिक जीवन में मानो सुनामी सी आ जाती है। यह होने के बाद क्या-क्या होता है उसके बारे में शायद सभी को पता होगा, जैसे कि जिंदगी नीरस हो जाती है, भावनात्मक भूचाल आ जाता है, जीने की इच्छा समाप्त हो जाती है, वगैरह-वगैरह। परन्तु, मेरा यह मानना है कि यदि आप यह जान गए कि एक्स्ट्रा-मैरिटल अफेयर मुख्यतया किन वजहों से होता है, तो फिर निश्चय ही इसको समाप्त या काफी हद तक कम किया जा सकता है। यह कहने में कोई अतिशयोक्ति नहीं होगी कि विवाहेतर संबंधों के मामले में 'जानकारी ही बचाव होती है।'

आज हमारे समाज में विवाहेतर संबंधों की संख्या बढ़ रही है और ये संबंध खुलकर सामने आ रहे हैं। बड़े-बड़े नेताओं व सितारों के उदाहरण सामने हैं, जिनके विवाहेतर संबंधों की खूब चर्चा रही है। अमिताभ बच्चन और जया भादुड़ी का प्रेम विवाह वर्ष 1973 में हुआ और अमिताभ का 1975 में रेखा के साथ नाम जुड़ा। ऐसे ही कई उदाहरण बिजनेस घरानों से भी समय-समय पर समाचार-पत्र आदि के माध्यम से उजागर होते रहते हैं।

विवाहेतर संबंध के कारण

एक दूसरे को सहर्ष स्वीकार न करना

शादी की सफलता के लिए यह परम आवश्यक है कि दोनों एक दूसरे को पूर्णतया अपनाएं। यदि आप शादी के बाद अपने जीवन-साथी में सुधार लाने की मुहिम छेड़ देते हैं तो निश्चय ही वे आपसे दूर होते चले जाएंगे। अपनी पत्नी के एक्स्ट्रा-मैरिटल संबंध से परेशान दो बच्चों के पिता टाटा नगर, जमशेदपुर, झारखंड के एक सज्जन से मैंने कुछ ऐसा ही कहा, 'क्या आपने अपनी बीवी को बिल्कुल उसके वास्तविक रूप में स्वीकार किया है'? 'क्या आपने उसे उसकी कमियों के बावजूद अपने हृदय में सर्वोच्च स्थान दिया है'? 'क्या आपने कभी सोचा कि पत्नी की देख-भाल का मतलब सिर्फ उसकी जरूरतों को पूरा करना ही नहीं होता?' 'क्या आपने कभी उससे यह पूछा है कि एक पति के रूप में वह आपके अंदर क्या कमी महसूस करती है'?

और दुर्भाग्य से मेरे किसी प्रश्न का उन्होंने हाँ में उत्तर नहीं दिया। फिर मैंने उनसे कहा, 'आपने उन्हें accept नहीं बल्कि reject किया है। तो जिसे अपने पति के द्वारा reject कर दिया गया हो तो वह भला दूसरों से भावनात्मक रूप से क्यों नहीं जुड़ना चाहेगी'?

इतना सुनते ही वे अपनी पत्नी को कोसने लगे और फिर मुझसे कहने लगे, 'श्रीमान, आपसे मैं एक प्रश्न करना चाहता हूँ। 50 साल पहले क्या ऐसे पति नहीं होते थे? तब एक्स्ट्रा-मैरिटल अफेयर क्यों नहीं होते थे'?

मैंने तुरंत ही उस सज्जन को जवाब दिया, 'आपका सवाल बहुत सही है और इसका उत्तर है सामाजिक स्वीकृति।' तब डिवोर्स को सामाजिक स्वीकृति कहाँ थी? आज से 50 साल पहले क्या औरतों का यही स्थान था? पहले जब औरत को पता चलता था कि उसके पति का चाल-चलन अच्छा नहीं है तो वह मन मसोस कर रह जाती थी। इतनी बड़ी बात होने के बावजूद भी वह पति से अलग अपना अस्तित्व तलाशने की कोशिश

नहीं करती थी। अपने परिवार के बारे में सोचती, सामाजिक बंदिशों के बारे में सोचती। तब का जमाना 'पति परमेश्वर' वाला था। औरतों के लिए दो ही जगहें थीं, ससुराल या फिर स्वर्ग। इसलिए इस तरह की परिस्थिति आने पर भी वह अपना मन बच्चों या धर्मिक गतिविधियों में लगा लेती और एक समझौते वाली जिंदगी जीती थी।

लेकिन आज उसके साथ समाज है। उसके पास अधिकार है सम्मानपूर्वक अकेले रहने का, अपने जीवन-साथी को बदलने का। और इसलिए आज का जमाना पचास साल पहले जैसा नहीं है।

आत्मीयता में कमी

सलमान खान ने कुछ साल पहले इंडिया टीवी के शो आपकी अदालत में कहा था, 'हमारे पास जितने तरह के valuable possession होते हैं, उनके खत्म होने की एक तारीख होती है, तो फिर रिश्ते खत्म होने की एक तारीख क्यों नहीं हो सकती'?

शेक्सपियर से जब उनके एक मित्र ने पूछा, तुम झरनों का वर्णन झरनों से दूर रहकर क्यों करते हो? बेहतर होगा अगर तुम झरनों के पास जाकर उनके बारे में लिखो। इस पर शेक्सपियर का जवाब था, "झरनों के पास जाने से मुझे उनमें कमियाँ भी दिखने लगेंगी। इसलिए मैं उसके करीब नहीं जाता। किसी ने ठीक ही कहा है कि "नजदीकियाँ आत्मीयता की कैंची हैं।" जब एक प्रेमी युगल की शादी हो जाती है तब 1-2 साल तो सब कुछ अच्छा चलता है, लेकिन उसके बाद संबंधों में वो समर्पण भाव नहीं रहता।

फिर आज फ्री मिक्सिंग के अवसर भी ज्यादा हैं, जिससे भावनात्मक जुड़ाव की तमाम सम्भावनाएँ बनती हैं। तो ऐसे में दो लोग किसी ऐसे संबंध में बंध जाएं तो इसमें आश्चर्य की क्या बात है? इससे बचने का एक उपाय यह है कि आत्मीयता की कमी को अवश्यम्भावी मान कर जीवन को साथ मिलकर जिया जाए। हम चाहे जीवन-साथी कितने भी क्यों न बदलें, कोई एक जीवन-साथी हमें ताउम्र प्यारा नहीं लग सकता।

सेक्चुअल डिजायर

वैसे आमतौर पर लोगों का मानना है कि ऐसे संबंधों की शुरुआत का सबसे बड़ा कारण होता है- सेक्चुअल डिजायर। कई बार लोग अपने पार्टनर के साथ सेक्स लाइफ को एंज्वाय नहीं कर पाते या यूं कहें कि एक लंबे समय के बाद उन संबंधों में नीरसता आ जाती है तो उसे दूर करने के लिए ऐसे संबंध बन जाते हैं। कई दंपतियों का मानना है कि अपनी मैरिड लाइफ में कुछ चेंज लाने के लिए ऐसे संबंध बनाए जाते हैं। कुछ लोग ऐसे भी होते हैं जो स्वाभाविक रूप से दूसरे लोगों से संबंध बनाते हैं और फिर अपने जीवन-साथी से उनका जुड़ाव धीरे-धीरे खत्म हो जाता है। सेक्चुअल डिजायर को अपने जीवन-साथी के साथ साझा करने से इस तरह की समस्या का समाधान मिल सकता है।

कम्युनिकेशन में कमी

वे दिन चले गए जब पत्नी पूरा दिन शाम होने का इंतजार करती थी कि कब शाम होगी और पतिदेव घर आएंगे और फिर उनके साथ वक्त गुजारेंगे।

आज कल के माहौल में, खासकर मेट्रो सिटीज में तो अगर पति 10 घंटे काम करता है तो पत्नी 12 घंटे। वीकेंड पर भी दोनों की एक साथ समय बिताने की कोई योजना हो, ऐसा कोई जरूरी नहीं है।

अगर पति कहता है कि आज सोमवार है, आज के दिन मुझे disturb मत करो तो पत्नी बोलती है कि मार्च का महीना है, मुझे disturb मत करो। दोनों ऑफिस की दुनिया में कुछ इस कदर मशगूल रहते हैं कि उन्हें दांपत्य जीवन की जरूरत तक का ध्यान नहीं रहता, उन्हें एक साथ भोजन करने तक की फुर्सत नहीं होती।

ऑफिस से आते वक्त किसी ने पिज्जा खा लिया होता है तो किसी ने बर्गर। किसी के ऑफिस में पार्टी होती है तो कोई डाइटिंग पर होता है। अगर एक साथ हैं भी तो दोनों सोशल मीडिया में मगन हैं। वर्चुअल वर्ल्ड

से रीयल वर्ल्ड में आ ही नहीं पाते। कई पत्नियाँ ऑफिस से आने के बाद का पूरा समय अपने बच्चों पर देती हैं, उन्हें अपने पति की जरूरतों की कोई फिक्र नहीं होती।

उसे अब अपना पति बोरिंग लगने लगता है। उसके साथ टाइम बिताना उसे समय की बर्बादी लगती है। ऐसे ही कई पति अपनी पत्नी को खाना बनाने वाली और अपने बच्चों को पालने वाली समझने की भूल कर बैठते हैं। वे अपनी पत्नी के अस्तित्व को ही नकार देते हैं। पत्नी की बातें उन्हें परेशान करने वाली लगती हैं। वे उसे हमेशा इग्नोर करते हैं, दुनिया की सबसे बेवकूफ औरत समझते हैं।

पति पत्नी में बातचीत का संकट कुछ इस कदर उत्पन्न हो जाता है कि दोनों में लगाव बिल्कुल खत्म हो जाता है। उनके शारीरिक संबंध के साथ-साथ भावनात्मक संबंध भी खत्म हो जाते हैं। पूरे दिन जिसके साथ बीतता है, ऑफिस के बाद भी वही दिमाग में आता/आती है, उसी से भावनात्मक जुड़ाव हो जाता है, और ऐसा होना स्वाभाविक भी है। जिसके साथ बातचीत होगी उसी के प्रति आकर्षण होगा। और यही आकर्षण आगे चलकर पति-पत्नी के जीवन को नर्क बना देता है।

इससे बचने के लिए कामकाजी कपल्स को आरंभिक दिनों से ही एक सिस्टम बनाना होगा, एक रूटीन बनाना होगा। ऑफिस से आने के बाद बच्चों को कितना समय देना है, एक-दूसरे के साथ कितना समय बिताना है, इसकी एक सुस्पष्ट समय सूची बनानी होगी और दोनों को इसका अनुसरण करने की बाध्यता होगी। सोशल मीडिया या अपने दोस्तों के साथ फोन/व्हाट्सप्प पर बात करने के समय को सीमित करना होगा। अगर पति-पत्नी यह सब कर पाते हैं तो निश्चय ही उनके संबंध मधुर बने रहेंगे।

दोनों के माइंडसेट में अंतर

पुरुष और स्त्री के माइंडसेट में काफी अंतर होता है। पुरुष का माइंड स्थिर नहीं रहता, यह हवा की तरह इधर से उधर डाँवाडोल होता रहता है। पुरुष

अपने जीवन-साथी को अपने मोहपाश में बाँधना सीखें

मनमौजी किस्म के होते हैं, पत्नी के होते हुए भी दूसरी औरतों के प्रति सहज रूप से आकर्षित हो जाते हैं, भले ही उनका वैवाहिक जीवन कितना भी अच्छा क्यों न चल रहा हो। परन्तु, औरतें सामान्यतया शादी के बाद अपने आपको अपने बच्चों की दुनिया में समेट लेती हैं। पति के अनुरूप वह अपने आपको ढालने का प्रयास करती हैं।

हाँ, लेकिन जब उनमें असुरक्षा की भावना आ जाती है या उनकी भावना के साथ खिलवाड़ किया जाता है, और उन्हें हमेशा अनदेखा किया जाता है, तब वे जरूर दूसरों में अपने भविष्य को तलाशना शुरू कर देती हैं।

सोशल मीडिया का अत्यधिक प्रभाव

आज के टीवी सीरियल, सोशल मीडिया पोस्टिंग आदि एक्स्ट्रा मैरिटल रिलेशन को बढ़ावा देते हैं। दिन भर मोबाइल से चिपकी रहने वाली लड़कियों के दिमाग में कुछ गलत चीजें घर कर जाती हैं जैसे कि औरतों को मर्द सताते हैं, ससुराल किसी का अच्छा नहीं होता, घुट-घुट के मरने से अच्छा है किसी नए जीवन-साथी की तलाश करो, जिसने हिम्मत दिखाई उसने अपनी जिंदगी को नर्क बनाने से बचा लिया, वगैरह-वगैरह।

मेरी एक महिला मित्र ने मुझसे एक बहुत ही तार्किक बात कही। वह उस समय अपने पति को लेकर बहुत तनाव में थी। उसने मुझसे कहा, 'मुझे लगता है मेरा पति बहुत खराब है। आज का जमाना भी किसी एक के साथ अपनी किस्मत को बांध देने का नहीं है। जमाना बदल चुका है। मुझसे सब अपने लिए नया आशियाँ तलाशने के लिए कह भी रहे हैं।

लेकिन मेरा मानना है कि पति बदलना समस्या का समाधान नहीं है। इस पति में जो प्रॉब्लम है, हो सकता है दूसरे में न हो। किन्तु, जो इस पति में प्रॉब्लम नहीं है, हो सकता है वो दूसरे में दिखे और मेरा जीवन इससे भी ज्यादा दुखी हो जाए।'

उपरोक्त कारणों के अलावा विवाहेतर संबंध के कुछ और भी कारण हैं, जैसे:

- ऐसे स्त्री-पुरुषों के संबंध कमजोर हो जाते हैं जिनके पति अथवा पत्नी शारीरिक संबंधों में विश्वास न करते हों अथवा सेक्स संबंधों के वक्त ठंडापन रखते हों अथवा किसी वजह से स्त्री अथवा पुरुष संबंध बनाने में अक्षम हो।

- यदि पति-पत्नी एक दूसरे की शारीरिक तथा मानसिक जरूरतों को पूरा नहीं कर पाते अथवा नजरअंदाज करते रहते हैं, इससे उनकी शारीरिक भूख बढ़ जाती है। वे इसे पूरा करने के रास्ते तलाशने लगते हैं और किसी दूसरे के प्रति आकर्षित होने लगते हैं। ऐसे पति अथवा पत्नी अपनी संतुष्टि के लिए तथा शारीरिक भूख मिटाने के लिए दूसरी स्त्री या पुरुष से संबंध बना लेते हैं।

- कुछ अति महत्वाकांक्षी स्त्रियाँ पदोन्नति आदि के लिए अपने सहयोगी अथवा बॉस से संबंध बना लेती हैं। हालाँकि ऐसी महत्वाकांक्षा उन्हें ऐसे दलदल में धकेल देती है जहाँ से बाहर निकल पाना उनके लिए मुश्किल ही नहीं, बल्कि नामुमकिन हो जाता है।

- कुछ पुरुष जीवन की एकरसता में यकीन नहीं करते। उन्हें विवाह के कुछ दिन बाद से ही पत्नी से संबंध उबाऊ लगने लगता है और विविधता या नयापन पाने के लिए वे किसी अन्य स्त्री से संबंध स्थापित कर लेते हैं।

- ऐसी स्त्रियाँ जिनमें उच्च स्तरीय जीवन जीने की चाह अधिक हो लेकिन उनका पति वह सब दिला पाने में असमर्थ हो तो वे आसानी से धनवान पुरुषों की ओर आकर्षित हो जाती हैं। ऐसे पुरुषों से महँगी चीजें उपहार में लेकर ये स्त्रियाँ स्वयं को गौरवान्वित महसूस करती हैं और जल्द ही उनके मोहपाश में बंधकर स्वयं को उनके

आगे समर्पित कर देती हैं। यही संबंध उनके वैवाहिक जीवन में जहर घोल देता है।

- पति-पत्नी की आयु में यदि बहुत अधिक अंतर हो तो विवाह के 10-12 वर्ष पश्चात् ही प्राय: पति स्वयं को थका-थका सा व बूढ़ा महसूस करने लगता है और पत्नी स्वयं को जवान व आकर्षक महसूस करती है। ऐसे पति प्राय: पत्नी को संतुष्ट कर पाने में असफल रहते हैं और पत्नी ऐसे पराये पुरुष की ओर आकर्षित होने लगती है जो उसका हमउम्र हो या उससे छोटा हो। यही आकर्षण विवाहेतर संबंध का कारण बन जाता है।

- पत्नी का अकेलापन भी विवाहेतर संबंध का कारण बनता है। दिहाड़ी मजदूर, नौकर, झुग्गी झोपड़ी में रहने वाले लोगों के यहाँ इस प्रकार के विवाहेतर संबंधों की घटना अक्सर ही समाचारपत्रों में पढ़ने को मिलती है। ऐसे संबंधों के चलते झगड़ा, मारपीट यहाँ तक की हत्या भी हो जाया करती है। प्राय: गरीब पति अधिक कमाई के चक्कर में सारा दिन घर से बाहर रहता है और पत्नी का अकेलापन कोई पड़ोसी या हमदर्द बाँटता है, जिसके कारण विवाहेतर संबंध की स्थिति बन जाती है।

- यदि पत्नी कम पढ़ी-लिखी या कम सुंदर हो तो यह भी विवाहेतर संबंध का कारण बनता है। पति ऐसी पत्नी का अपमान किया करते हैं, उनकी नजरों में पत्नी की इज्जत की कोई अहमियत नहीं होती। इस स्थिति में ऐसे पुरुष स्वयं को बहुत काबिल, गुणी अथवा सुंदर समझते हैं और जानबूझकर हर स्त्री से मित्रता का हाथ बढ़ाते हैं। जिस स्त्री की ओर से उन्हें बढ़ावा मिलता है तथा मित्रता का अतिक्रमण (सेक्स) होता है, तब वे उसी के हो कर रह जाते हैं और इस प्रकार विवाहेतर संबंध की नींव पड़ती है।

- शादी के बाद आर्थिक स्थिति में जबरदस्त बढ़ोतरी भी विवाहेतर संबंध का कारण बनती है। शादी के समय सामान्य आर्थिक स्थिति वाले लड़के को उसी की जैसी लड़की मिलती है। शादी के बाद सब कुछ ठीक चलता रहता है। लेकिन जैसे ही पति कोई नया बिजनेस शुरू करता है और उसे उसमें रातों-रात जबरदस्त कामयाबी मिल जाती है या उसे कहीं से लाटरी मिल जाती है या कहीं से उसके पुरखों की जमीन निकल आती है जिसको बेचकर वह मालामाल हो जाता है तो इस स्थिति में अब उसे अपनी पत्नी अपनी तरह की नहीं लगती। उसे अब अपनी पत्नी में तरह-तरह के दोष नजर आने लगते हैं।

पति को पत्नी कुरूप, असभ्य व अशिक्षित लगने लगती है। उसे अब पत्नी के साथ किसी उत्सव या पार्टी में जाने में शर्म सी महसूस होने लगती है। पति को अपने नए परिचितों से पति का परिचय कराने में असहजता का अनुभव होने लगता है। नई-नई मिली सफलता अब उसके सर चढ़ कर बोलने लगती है। वह चाहता है कि उसे अब ऐसी पत्नी मिले जो उसके स्टेटस से मेल खाए, न कि कोई ऐसी जो उसे उसके भयावह अतीत की याद दिलाए। इधर ऐसी पत्नी के लिए पति के अलावा कोई और सहारा नहीं होता। अत: अपने पति के विवाहेतर संबंध को जानते हुए भी वह चुप रहने में ही अपनी भलाई समझती है और सब कुछ जानकर भी अंजान बनी रहती है।

- आर्थिक तंगी भी विवाहेतर संबंधों में महत्वपूर्ण भूमिका निभाती है, यदि परिवार की हालत दयनीय है, पति अधिक नहीं कमाता है तो अधिक कमाई वाला कोई भी व्यक्ति, चाहे वह पति का मित्र हो या रिश्तेदार, आसानी से पत्नी का दिल जीत लेता है और विवाहेतर संबंध बन जाता है।

- धनाढ्य वर्ग की स्त्रियाँ शादी के बाद भी क्लब, पार्टियों आदि में जाने में ही अपना सारा समय खर्च कर देती हैं। इसके पीछे उनका यह तर्क होता है कि वे जैसी हैं, वैसी ही रहेंगी। उन्होंने जीने का यही ढंग चुना है और वे इसी तरह से जीयेंगी। कोई अगर उन्हें प्यार करे तो उनके उसी रूप में करे। जीवन जीने का यह ढंग उन्हें पति से दूर कर देता है। पति पराई स्त्री की ओर आकर्षित हो जाता है और इस तरह विवाहेतर संबंध स्थापित हो जाता है।

- पति या पत्नी लंबे समय से बीमार हों तो उसके जीवन-साथी का ध्यान दूसरी ओर चला जाता है और फलस्वरूप विवाहेतर संबंध बनता है। इसके अलावा, यदि पति काम के सिलसिले में अक्सर घर से बाहर रहता है तो उस स्थिति में भी पत्नी दूसरों के प्रति आकर्षित हो जाती है जो कि विवाहेतर संबंध का कारण बनता है।

निश्चय ही पति-पत्नी का अनुशासित दांपत्य जीवन ही दोनों को सुख दे सकता है। हमारा समाज भी, चाहे कितना भी आधुनिक क्यों न बन गया हो, किसी भी प्रकार के विवाहेतर संबंध को मान्यता नहीं दे सकता। समाज के विश्लेषकों की मानें तो ये संबंध क्षणिक सुखदायक होते हैं, बाद में चलकर ये अत्यंत ही दुखदायी हो जाते हैं। ये संबंध एक प्रकार से दीमक की तरह हैं, जो पति-पत्नी के मजबूत संबंधों को खोखला कर इन्हें खाक में मिला देते हैं। इसलिए जरूरत इस बात की है कि पति-पत्नी दोनों एक दूसरे के प्रति सहिष्णु और क्षमाशील रहें।

अध्याय-7

अमिताभ-जया की तरह अटूट रिश्ते का निर्माण करें

तो फिर ऐसा क्या किया जाए, जिससे कि आपसी संबंध ताउम्र अटूट बने रहें? चाहे बच्चे का जन्म हो या फिर उनकी शादी, इस संबंध में किसी तरह का समझौता न करें। तो आइए, रिश्तों की बुनियाद को मजबूत बनाने के कुछ महत्त्वपूर्ण पहलुओं पर गौर करते हैं:

पति-पत्नी के रिश्तों की बुनियाद को मजबूत बनाने वाले ये पहलू निम्नलिखित हैं:

1. प्रेम-L
2. क्षमा-F
3. कृतज्ञता-G
4. बदलाव-C
5. अभ्यास-P

मेरे अनुभव बताते हैं कि अगर कोई भी कपल उपरोक्त दायरे में रहकर अपने संबंधों को ढालें तो वे निश्चय ही जन्म-जन्मांतर तक एक साथ बने रहेंगे। आइए, एक-एक करके इनका अध्ययन करें:

1. **प्रेम:** विश्वप्रसिद्ध लेखक और डॉक्टर श्री दीपक चोपड़ा जी का मानना है कि प्रेम का अर्थ वही है जो हमारा सार है। हम अपने हृदय में दूसरे के प्रति जितना ज्यादा प्रेम महसूस करते हैं, हमें बदले में उतना ही ज्यादा प्रेम मिलेगा।

अमिताभ-जया की तरह अटूट रिश्ते का निर्माण करें

जैसे हमारे विचार और सोच होते हैं, वैसे ही हमारे रिश्ते भी होते हैं, क्योंकि किसी चीज का निर्माण पहले विचारों में होता है, फिर वह वास्तविक रूप में प्रकट होती है।

जब आप खुद से प्रेम करते हैं, खुद को पसंद करते हैं और खुद को स्वीकार करने लगते हैं तब आप दूसरों से भी प्रेम करने लगते हैं। वे जैसे हैं, आप उन्हें उसी रूप में स्वीकार करने लगते हैं।

ऐसे लोग 'हैप्पी स्टेट' में होते हैं। अगर आप भी हैप्पी स्टेट में रहेंगे तो आपके मस्तिष्क में 'डोपामाइन' नामक हॉर्मोन ज्यादा मात्रा में रिलीज होगा। और आप एक विकसित माइंडसेट में रहेंगे। आप हमेशा खुश रहेंगे, चाहे परिस्थितियाँ कैसी भी क्यों न हों। यदि आप अपने जीवन-साथी को सहर्ष स्वीकार कर लें तो आप भी हैप्पी स्टेट में रहेंगे और फिर कठिन से कठिन परिस्थितियों में भी आप दोनों एक-दूसरे की ताकत बने रहेंगे।

2. **क्षमा:** किसी को क्षमा करना बहुत ही कठिन होता है, परन्तु अगर जीवन-साथी की बात हो तो क्षमा करना आवश्यक हो जाता है। रिश्तों की डोर में बंधना सरल है, परन्तु रिश्तों को संभाल कर रखना अत्यंत कठिन होता है। क्षमाशीलता वह कला है जिससे रिश्तों की डोर को टूटने से बचाया जा सकता है।

3. **कृतज्ञता:** पति-पत्नी के संबंधों पर कराए गए एक ताजा शोध के अनुसार रोमांस नहीं, बल्कि एक-दूसरे के प्रति कृतज्ञता का भाव सफल वैवाहिक जीवन की कुंजी है। यदि आप अपने जीवन-साथी से मिले सारे अच्छे पलों, चीजों के प्रति कृतज्ञ रहें, उसकी कमियों को स्वाभाविक रूप से स्वीकार करें और साथ रहकर उसकी बेहतरी की कोशिश करें तो निश्चय ही आपका वैवाहिक जीवन नए कपल्स के लिए एक प्रेरणास्रोत बन जाएगा।

4. **बदलाव:** बदलाव प्रकृति का नियम है। यह एक शाश्वत सत्य है। हरेक चीज पल-पल बदल रही है तो फिर रिश्तों में बदलाव

पर शिकायत क्यों? अपने जीवन-साथी में हो रहे बदलाव को वास्तविक मान लेने वाले कपल ही आज के समय में खुश रह सकते हैं।

5. **अभ्यास:** आपको प्रेम, कृतज्ञता, क्षमा, बदलाव आदि का अभ्यास करना होगा क्योंकि ये सारी चीजें आप के अंदर रातों-रात नहीं आएंगी, इसके लिए आपको अपने मस्तिष्क को ट्रेनिंग देनी होगी। जब आप अपने जीवन-साथी से अत्यधिक दुखी हो जाएँ तो आपको प्रेम का अभ्यास करना होगा। जब आपको कोई ऐसी बात पता चले जिसको लेकर आप उन्हें कभी क्षमा नहीं करना चाहेंगे, तब आप क्षमाशीलता का अभ्यास करें। जब आपको लगे कि आज आप जो कुछ भी हैं वह सिर्फ और सिर्फ अपने जीवन-साथी की बदौलत हैं, तब आप कृतज्ञता का अभ्यास करें। यह सोचें कि उन्होंने अब तक आपके लिए क्या किया है, और उन्होंने जो कुछ किया है, उसके प्रति कृतज्ञता का भाव रखें।

इन सबके अलावा, रिश्तों की नींव को मजबूत बनाने के लिए आपको अपनी दिनचर्या में सुधार करना होगा। जैसे कि व्यायाम आदि एवं खान-पान पर ध्यान देना होगा। कहा भी गया है कि "जैसा खाएंगे अन्न, वैसा रहेगा मन।" खाने की गुणवत्ता के अलावा आपको भोजन पर बिताए वक्त का भी विशेष ध्यान रखना पड़ेगा। आपको मोबाइल या टीवी देखते, गप्पें मारते भोजन नहीं करना है। जब आप भोजन करने बैठें तो पहला निवाला लेने से पहले परमपिता के प्रति अपनी कृतज्ञता व्यक्त करें और फिर भोजन को चबा-चबा कर खाएं। आपको भोजन करने के लिए आधा घंटा निकालना होगा। पानी भी एक झटके में नहीं पी जाना है, बल्कि धीरे-धीरे गले के नीचे उतारना है। इससे न केवल आपका तन सुंदर रहेगा, बल्कि आपका मन भी सुंदर बनेगा। आपका क्रोध नियंत्रित रहेगा और फलस्वरूप अपने जीवन-साथी के साथ आपके रिश्ते मधुर बने रहेंगे। यकीन मानिए, भोजन करने के ढंग का आपसी संबंध से गहरा नाता होता है। संक्षेप में कहें तो आपका जीवन जितना अधिक अनुशासित रहेगा आपके रिश्ते भी उतने ही मधुर होंगे।

एक्शन के लिए कॉल

आप इस पुस्तक के अंतिम पड़ाव तक पहुँच चुके हैं। आशा करता हूँ कि आपको इस पुस्तक में अपनी समस्या का समाधान, या कोई महत्त्वपूर्ण काम की बात मिली होगी।

इसके अलावा मैं आपको कुछ और भी देना चाहता हूँ। जी हाँ, मैं अपनी खुशी से आपको कुछ मूल्यवान वस्तु उपहार स्वरूप देना चाहता हूँ।

हमारा मिशन सन् 2025 तक 10 हजार कपल्स तक पहुँचने का और उनकी जिंदगी बेहतर करने का है। इसके लिए मैं और मेरी टीम कड़ी मेहनत कर रहे हैं। इस मिशन के तहत मैं आपको रु ₹5,000 मूल्य का कंसल्टेंसी सेशन बिल्कुल मुफ्त दे रहा हूँ।

इस उपहार (मुफ्त कंसल्टेंसी सर्विस) को पाने के लिए आपको बस नीचे दिए गए लिंक्स में किसी एक पर अपनी सुविधानुसार क्लिक करना होगा और मेरे साथ कुछ वक्त बिताना होगा। मुझे पूर्ण विश्वास है कि आपके सपनों का शीशमहल फिर से गुलजार हो जाएगा, हौसले उड़ान भरने लगेंगे और आपका सुनहरा वक्त फिर से लौट आएगा। तो मुझे आपका इंतजार रहेगा! खुले दिल से आइए, मन में खुशी लेकर जाइए!!

सोशल मीडिया लिंक-

- https://calendly.com/ranjeet-brreawakening/consultation-1-on-1
- https://www.brreawakening.com
- https://chat.whatsapp.com/Gr1AZ4MG5Q79lsXVPfIegB
- email://ranjeet.brreawakening@gmail.com
- https://www.facebook.com/groups/couplerelationshipcoach/?ref=share
- https://www.youtube.com/channel/UCWeZx6Iy_zuKTx41lsjyLEQ

www.ingramcontent.com/pod-product-compliance
Lightning Source LLC
LaVergne TN
LVHW051921060526
838201LV00060B/4118
* 9 7 8 9 3 5 5 5 4 1 6 4 2 *